MESTRES DA MÚSICA NO BRASIL

Mabel Velloso

GILBERTO GIL

DE ACORDO COM AS NOVAS NORMAS ORTOGRÁFICAS

1ª edição
São Paulo, 2002

7ª impressão

MODERNA

Gilberto Gil. Desfile do Projeto Axé, 1998. © Carlos Casaes/Ag. A Tarde

Vopocêpê sapabepe apa límpínguapa dopo pepe ?

"A língua do pê é uma brincadeira ainda usada por crianças sabidas!!!" É assim que os mais velhos dizem da forma de falar em que se acrescenta depois de cada sílaba o pê. Procure entender:

Gilpilberpertopo Gilpil foipoi muipuitopo sapabipidopo!!! Épé apatépé hopojepe!!!

(Gilberto Gil foi muito sabido! É até hoje!!!)

É um músico maravilhoso e um grande poeta!

Quando menino, Gilberto Gil aprendeu a língua do pê e falava ligeiro para atrapalhar quem queria entender o que ele dizia. Em sua memória prodigiosa ficou guardada a brincadeira, e lá um dia, em 1970, o músico/poeta escreveu e cantou a *Língua do pê*:

Gaparanpantopo quepe vopocêpê
Garanto que você
Nãopão vapai não vai
Nãopão vapai não vai
Compomprepeenpenderper
Bulhufas
Bulhufas

Gilberto Gil e Mabel Velloso. Acervo Mabel Velloso © Filomeno Pereira/Foto Veneza

Gilberto Gil no Teatro Castro Alves, 1972. © Maria Sampaio

Gilberto Gil foi além da sabedoria da língua do pê!!!
Vem escrevendo lindamente poemas--canções que ele canta com a alegria que espalha por onde passa. Noventa e cinco por cento das suas músicas são alegres. Ele diz que: "a alegria boia, tranquila, fagueira, no brilho dos raios do sol sobre a superfície das águas"...

Gilberto Passos Gil Moreira, filho do médico José Gil Moreira e da professora Claudina Passos Gil Moreira, nasceu no dia 26 de junho de 1942 em Salvador, Bahia. Seus pais saíram de Ituaçu, onde moravam, para que a criança esperada chegasse com segurança, na capital. Doutor José Gil preocupava-se com os poucos recursos do pequeno lugarejo — Ituaçu — onde viviam.

O seu cuidado de médico e marido fez com que ele levasse para Salvador sua mulher e parturiente. Ficaram na casa dos pais de dona Claudina, senhor Plínio dos Santos Passos e dona Eufrásia de Castro Passos. A criança era esperada para o mês de junho.

Gilberto Gil com um mês, 26 de julho de 1942, Ituaçu. Acervo Claudina P. Gil Moreira

José Gil Moreira e Claudina Passos Gil Moreira.
Acervo Claudina P. Gil Moreira

Junho, mês de tantas festas! Será que vai nascer no dia de Santo Antônio ou de São João? Os pais pensavam. O 13 de junho passou. A noite de 23 para 24 chegou com muitas fogueiras, e muitos fogos estouraram no céu. O filho tão esperado quis esperar mais um pouco... O dia 25 foi uma pausa. Depois da festa de São João, tudo foi sossego e calma.

Veio o dia 26 numa festa maior na casa nº 2 da Rua Ismael Ribeiro, no Tororó: nascimento de Gilberto, o primeiro filho, o primeiro neto. O chorinho do recém-nascido deu a seus pais uma comovida alegria, e toda a família vibrou!

Gilberto Gil com três meses, Ituaçu.
Acervo Claudina P. Gil Moreira

Beto, o menino de rosto redondo, conheceu o mundo ali, pertinho do Dique do Tororó, onde as águas serenas falavam de Oxum, e em volta as folhas balançavam cantando para Oxóssi passear...

Na casa dos avós, Gilberto Gil dormia sereno, e em volta todos pediam que o Senhor do Bonfim desse uma boa sorte ao menino que nascera depois que as brasas das fogueiras de Xangô Menino se apagaram. O Bom Jesus do Bonfim atendeu ao pedido.

O pequeno Gilberto foi crescendo observando os montes e as grutas que se espalhavam em Ituaçu. Brincava com a irmã Gildina, e tendo apenas um ano a mais que ela parecia ser bem mais velho, pelos cuidados que lhe dispensava. Porque Gildina era mais traquina que o irmão, muitas vezes dona Claudina teve que lhe dar carões. Gilberto não gostava que a pequena Dina ficasse de castigo e arrumava sempre um jeito de proteger a irmã. Cresceram juntos, cercados dos mesmos carinhos e cuidados.

Gilberto Gil e Dina, 1951. Acervo Claudina P. Gil Moreira. (Foto T. Dias)

A família Gil Moreira, Ituaçu, 1949. Acervo Claudina P. Gil Moreira

Placa Ituaçu. Acervo Claudina P. Gil Moreira

Aos três anos, numa daquelas brincadeiras "o que você quer ser quando crescer?", Gil respondeu:

Quero ser "musgueiro" e pai de menino...

Aquele desejo se realizou. O menino que desde pequeno gostava de cuidar da irmã e se interessava por música, que ficava parado escutando os cantadores, os violeiros, os repentistas que enfeitavam as feiras de Ituaçu, tornou-se um grande músico e pai de oito meninos.

Gil com a mulher Flora e as ex-mulheres Sandra, Nana e Belina, 1992. Acervo Flora Gil

Nara e Marília, filhas com Belina; Pedro, Preta Maria e Maria, filhos com Sandra. Acervo Belina Gil Moreira

Bem, José e Isabela, filhos com Flora. Acervo Flora Gil.

Gil com os netos João, Francisco, Pedro, Gabriel e Lucas, 2000. Acervo Belina Gil Moreira

Gilberto Gil foi batizado na igreja de Nossa Senhora do Alívio, sendo padrinhos a vovó Lídia e o farmacêutico doutor Celestino, amigo de doutor Gil.

© Maria Sampaio

A casa do padrinho tinha um quintal enorme, e Gilberto Gil passava horas olhando as plantas e esperando o macaco descer das árvores para lhe dar algumas frutas. Desde aquela época ensinava seus companheiros a cuidar das plantas e dos animais. Anos mais tarde fez um belo trabalho em defesa do meio ambiente: criou a Onda Azul, uma organização não governamental (ONG) que se preocupa com a preservação e a pureza da água, e ingressou no Partido Verde.

Se você quiser saber mais sobre a Onda Azul e o Partido Verde, entre nos *sites*:
www.ondazul.org.br e
www. partido verde.org.br

Junto à irmã Gildina fez a primeira comunhão na igreja do Sagrado Coração de Jesus em Salvador, no dia 1º de março de 1953.

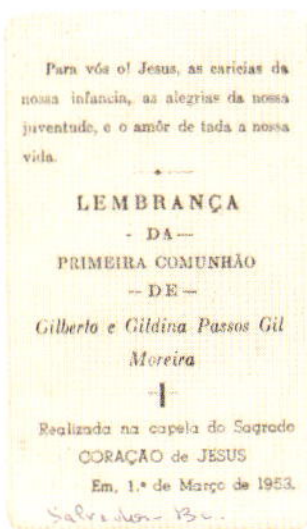

Para vós o! Jesus, as caricias da nossa infancia, as alegrias da nossa juventude, e o amôr de tada a nossa vida.

LEMBRANÇA
- DA -
PRIMEIRA COMUNHÃO
-- DE --
Gilberto e Gildina Passos Gil Moreira

Realizada na capela do Sagrado CORAÇÃO de JESUS
Em, 1.º de Março de 1953.

Primeira comunhão de Gil e Dina.
Salvador,1953. Acervo Claudina P. Gil Moreira

Residência e consultório de doutor Gil, Ituaçu. Acervo Claudina P. Gil Moreira

Doutor Gil tinha o consultório na própria casa, que ficava na praça perto da igreja. A casa ficava num nível bem mais alto que o da rua, o passeio bem alto com degraus que levavam até a porta.

Ituaçu nessa época tinha menos de mil habitantes. Não tinha luz elétrica. Em cada poste havia uma "lâmpada" mantida a querosene; de vez em quando vinha um homem e bombeava para que ela não se apagasse.

As noites de lua eram bem aproveitadas. O céu claro, clareando a rua...

Gil, Dina e amigos, Ituaçu. Acervo Claudina P. Gil Moreira

Longe surgia um cantor de serenata. Gilberto Gil absorvia toda a poesia daqueles instantes. Anos depois, 1969, o homem chegou até a lua e Gil cantou:

> *Poetas, seresteiros, namorados, correi*
> *É chegada a hora de escrever e cantar*
> *Talvez as derradeiras noites de luar...*
>
> (Lunik 9)

Capa do compacto duplo gravado em 1963

Gil e Dina, jardim da casa, Ituaçu, 1949.
Acervo Claudina P. Gil Moreira

O rio Mato Grosso corria de manso perto da casa. Não havia água encanada, e a cacimba era um lugar bonito que dava água cantando. Gil bebeu água das nascentes e começou a cantar também. As cachoeiras do Mato Grosso e da Bica eram os lugares mais bonitos e gostosos. Os filhos do doutor não tomavam banho no rio, não iam às folias dos banhos de cachoeira. Os pais tinham cuidados. Havia o perigo de esquistossomose.

Os meninos de dona Claudina e do doutor Gil eram bem conhecidos, crianças educadas que estudavam em casa, tinham rádio, ouviam música e brincavam juntas.

© Célia Aguiar

Gilberto Gil foi a primeira criança que teve bicicleta em Ituaçu. Foi uma festa o dia em que ele apareceu na rua com aquele brinquedo tão lindo! Todos os meninos olhando com os olhos compridos... "Que menino feliz! Ganhar uma bicicleta!" Era um sonho impossível para a meninada de Ituaçu.

Gilberto Gil, 1972. © Arestides Baptista/Ag. A Tarde

Gilberto Gil chegou com sua bicicleta novinha e saiu pedalando na alegria. Os meninos quietos assistindo àquela maravilha! Gil descobriu no olhar de cada um deles o desejo de poder montar na bicicleta; foi emprestando a cada um e ensinando a pedalar! Era uma bicicleta coletiva! Aqueles meninos todos cresceram e acompanham até hoje o sucesso do garoto de Ituaçu. Mas o que eles falam com maior alegria é do tempo da bicicleta — primeira e talvez única oportunidade na vida de muitos deles de dar uma voltinha...

Vó Lídia, tia Margarida, Gil, Dina, mãe Claudina.
Acervo Claudina P. Gil Moreira

As festas de aniversário dos meninos do doutor Gil eram muito bonitas. A mesa era cheia dos doces mais finos feitos pela vovó Lídia. Tudo que ela fazia era tão bom que até hoje lá em Ituaçu quando um prato é difícil de fazer se diz: "esta receita nem dona Lídia tem..."

Dona Claudina era diretora da escola Dr. Joaquim Rodrigues Lima. Ela cantava para os alunos. Dava aulas de Educação Física e cantava. Sua voz bonita era a trilha sonora para a ginástica rítmica. A voz de Gilberto Gil nasceu da voz bonita de sua mãe...

A Lira Ituaçuense saía tocando nas festas de Nossa Senhora do Alívio, em 15 de agosto. Gilberto Gil assistia desde os ensaios. Ouvia os sons brincando nos instrumentos, e se enchia de música!

Tuba © Maria Sampaio

Gil com os pais, Vitória da Conquista, janeiro de 1979. Foto de Lita Cerqueira, acervo Claudina P. Gil Moreira

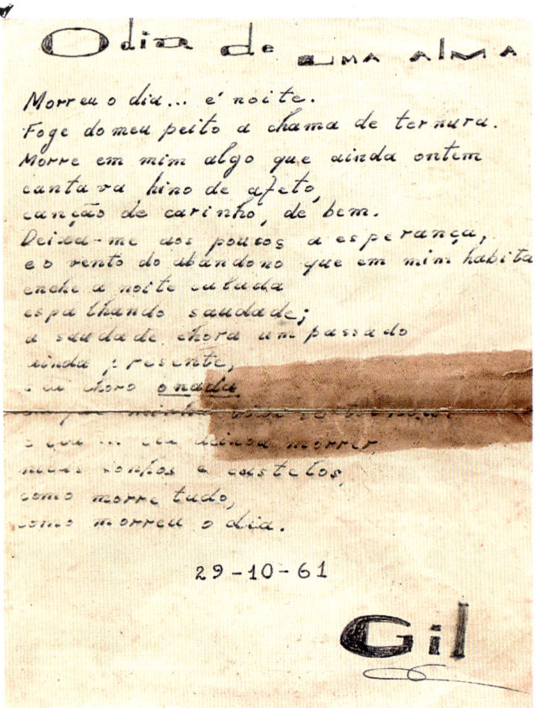

O dia de uma alma

Morreu o dia... é noite.
Foge do meu peito a chama de ternura.
Morre em mim algo que ainda ontem
cantava hino de afeto,
canção de carinho, de bem.
Deixa-me aos poucos a esperança,
e o vento do abandono que em mim habita
enche a noite calada
espalhando saudade;
a saudade chora um passado
ainda presente,
e eu choro o nada
[illegible]
[illegible] morrer
meus sonhos e castelos,
como morre tudo,
como morreu o dia.

29-10-61

Gil

Poema, 1961. Acervo Leonor Maria Calmon

Guardou dentro do seu coração musical cada acorde daqueles dobrados e marchas que se espalhavam pelas pequenas ruas de Ituaçu. Tudo foi formando o lastro para as suas futuras composições. As rezas, as procissões...

Primeiro LP, 1967

Olha lá vai passando a procissão
Se arrastando que nem cobra pelo chão

(*Procissão*)

Os desfiles cívicos, a chegada dos romeiros (2 de setembro):

Tudo o que eu sei aprendi
Olhando o mundo dali
Do patamar da canção
Que deixa descortinar
O cenário da paixão
Aonde vejo a vagar meu coração

(*Amo tanto viver*)

Da infância alegre em Ituaçu Gil tem mais uma lembrança bonita — a avó Lídia ensinando ao seu sobrinho-neto. Fez o curso primário com ela. Em 1951 foi para Salvador estudar no Colégio Nossa Senhora da Vitória, Colégio Maristas. Fez exame de admissão ao ginásio e passou.

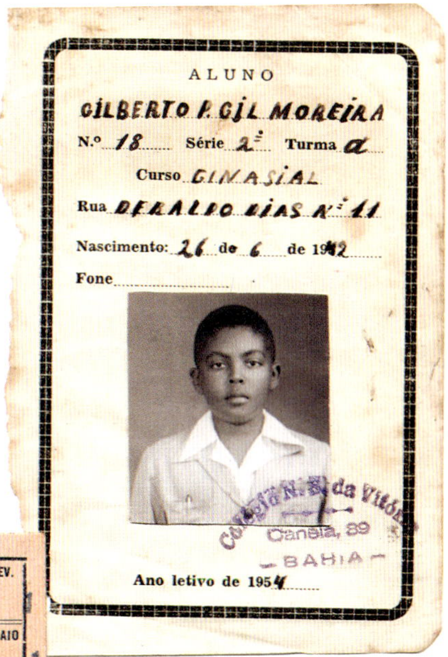
ALUNO
GILBERTO P. GIL MOREIRA
N.º 18 Série 2ª Turma a
Curso GINASIAL
Rua DERALDO DIAS Nº 11
Nascimento: 26 de 6 de 1942
Fone
Colégio N. S. da Vitória Canela, 89 — BAHIA —
Ano letivo de 1954

GOOD NEIGHBOR CLUB
ACBEU — Salvador - Bahia
1957
Sócio GILBERTO GIL MOREIRA
Presidente
DEZ. - FEV.
MAR. - MAIO
JUN. - AGO. PAGO G.N.C.
SET. - NOV. PAGO G.N.C.

Acervo Claudina P. Gil Moreira

Diretoria da Congregação Mariana do Colégio Maristas, Salvador, 1958. Acervo Claudina P. Gil Moreira

Gilberto Gil e sua irmã foram morar com a tia Margarida, irmã de doutor Gil. A tia Margarida não deixou que as crianças sentissem falta do carinho que sempre tiveram. Cuidou dos sobrinhos com desvelo. Beto era mimado e muito querido. A casa de dona Margarida ficava no bairro de Santo Antônio Além do Carmo, perto do nicho dos Quinze Mistérios.

Gil, Dina, tia Margarida e mãe Claudina, 1949. Acervo Claudina P. Gil Moreira

Nessa época, Gil andou de bonde, de lotação, passou pela Baixa dos Sapateiros, fez horário no Abrigo de Madeira na Ladeira da Praça para ir depois andar na rua Chile, olhar a praça Castro Alves.

Acervo Belina Gil Moreira

(...) No tempo que preto não entrava no Bahiano
Nem pela porta da cozinha
(...) Conheci essa garota que era do Barbalho
Na lotação de Liberdade
Que passava pelo ponto dos Quinze Mistérios
Indo do bairro pra cidade
Pra cidade, quer dizer, pro largo do Terreiro
Pra onde todo mundo ia
Todo dia, todo dia, todo santo dia
Eu, minha irmã e minha tia.

(*Tradição*)

CD *São João vivo*, 2001.

Sua música foi embalada no berço, no braço, no abraço de tanta gente boa que o cercou na infância e pela vida afora. *Aquele abraço* apertado e solto das canções que nos afagam...

Nas suas composições ele distribui as emoções vividas na Gruta da Mangabeira, nas águas do mar da Bahia. Traz de volta a música bonita de Luiz Gonzaga, lembra o serviço de alto-falante na pracinha de Ituaçu, um pouco das vozes de Francisco Alves e Bob Nelson, que tanto encanto deram à sua vida.

Acervo Heloisa e Cláudio Pires

Na sala da casa de seus pais havia um rádio. Rádios em Ituaçu eram poucos. Na sala da casa de Gilberto Gil o rádio cantava para ele o dia todo... Uma vez ou outra ele escutava uma música erudita. Não sabia direito o que era, ficava imaginando que aquele som só podia vir do céu... A outra música, aquela que o serviço de alto-falante tocava, era da terra... Bem-nascida. Falava das coisas do povo. Qual das duas a mais bonita? Ele não podia escolher, tanta beleza nas duas...

© Célia Aguiar

De Ituaçu para Salvador era preciso ir de caminhão até Tanhaçu e lá pegar o trem, vindo de Monte Azul, de Caculé e de outros lugares distantes. De Monte Azul a Salvador o trem passava por 105 lugarejos e cidades. Que viagem longa até a capital da Bahia! Gilberto Gil por certo aproveitava a distância para, olhando pela janela, ir criando seus primeiros poemas. A locomotiva numerada apontava na estação: 222 era o número daquela que cantava sobre os trilhos. Gil guardou na memória do seu coração, e lá longe, no exílio, ele passaria a ser maquinista e dirigir o Expresso 2222:

Começou a circular o Expresso 2222...

Gilberto Gil aos nove anos pediu de presente uma sanfona. Dona Claudina atendeu ao pedido do filho e providenciou um professor para que começasse logo a tocar de forma certa. Em Salvador, Gil foi tomar aulas na Academia de Acordeão Regina. Recebeu diploma de acordeonista no 4º ano de estudo. Era excelente aluno. Nas salas separadas por tabique, muitas vezes os colegas ficavam na porta para ouvi-lo tocar de forma tão bonita! Acompanhava cada nota com um riso aberto. Era bonito demais!

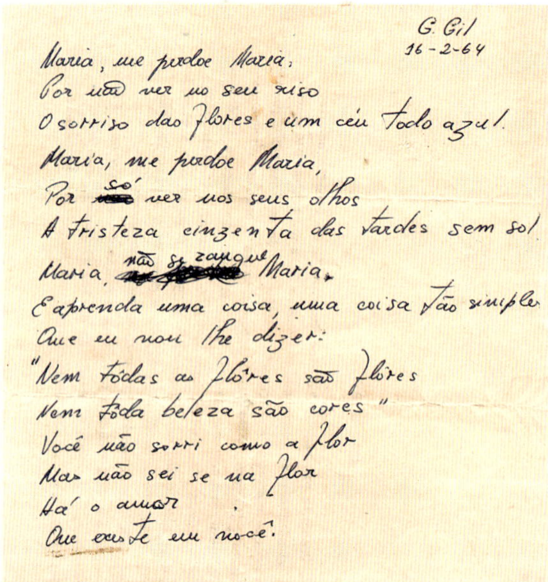

G. Gil
16-2-64

Maria, me perdoe Maria,
Por não ver no seu riso
O sorriso das flores e um céu todo azul.
Maria, me perdoe Maria,
Por só ver nos seus olhos
A tristeza cinzenta das tardes sem sol
Maria, não se zangue Maria,
E aprenda uma coisa, uma coisa tão simples
Que eu vou lhe dizer:
"Nem tôdas as flôres são flores
Nem tôda beleza são cores"
Você não sorri como a flor
Mas não sei se na flor
Há o amor
Que existe em você.

Acervo Clara Velloso

Gil começou a estudar violão em 1961. Tocava o de Gildina, sua irmã, até ganhar o seu, presente de sua mãe. Dona Claudina pediu que o filho escolhesse o seu violão. Comprou um Di Giorgio nº 3, e foi passar o fim de semana na ilha de Itaparica.

Foi maravilhoso!

O violão foi "batizado" atravessando a Baía de Todos os Santos. Claro que daquele dia em diante todos os santos abençoaram as mãos que tocavam aquele belo instrumento.

Com o inseparável violão foi compondo suas bossas e fazendo *jingles*. Assim começou tudo! Passou a ser conhecido por sua criatividade e todos cantarolavam os *jingles* feitos por ele.

Quando ainda vivia em Ituaçu, sabia de cor todas as propagandas de rádio. Os seus amigos gostavam de ouvir e ficavam admirando aquele menino tão pequeno com uma memória prodigiosa! O menino cresceu, e a memória foi melhorando a cada dia...

Ainda em 1961, Gil prestou vestibular para a Faculdade de Administração da Universidade da Bahia. Em dezembro de 1964 formou-se e foi escolhido orador da turma.

Acervo Belina Gil Moreira

Eu sou uma figura de retórica
Eu sou a frase de um discurso de paraninfia
Da turma de bacharelandos
Da Universidade da Bahia
A popular figura metafórica
Eu sou a beca preta que o doutor vestia
Na tarde daquele memorável samba
No salão nobre da reitoria
Beca preta, doutor de anedotas, normalista linda
Nossas fantasias não têm igual
Aos Fantasmas de Hamilton, Coemo, Rubinho e Mutinha
Nossas simpatias nesse carnaval

(*Figura de retórica*)

Numa rede de harmonia, Gilberto Gil sempre tocava Dorival Caymmi. Cantando as belezas criadas por ele, passeava com as canções pelas coisas bonitas da Bahia e se inspirava para compor:

Dorival é ímpar
Dorival é par
Dorival é terra
Dorival é mar

LP *Chega de Saudade*, 1959

Com o aparecimento de João Gilberto e da bossa nova, os dedos de Gil correram mais ainda pelas cordas do seu violão, criando músicas com batidas novas e de beleza renovada. A partir daí, começou a merecer o título de "professor", usado até hoje por seus músicos e sua equipe de trabalho.

CD *Brasil*, 1981

Caetano Veloso e Gilberto Gil se conheceram em 1963, apresentados pelo produtor Roberto Santana.

A amizade entre os dois músicos /compositores começou logo e vem crescendo até hoje. Certa vez Gil disse: "Minha grande conquista, na verdade, foi ter conhecido Caetano Veloso".

Doces bárbaros, 1976. © Maria Luiza Veiga

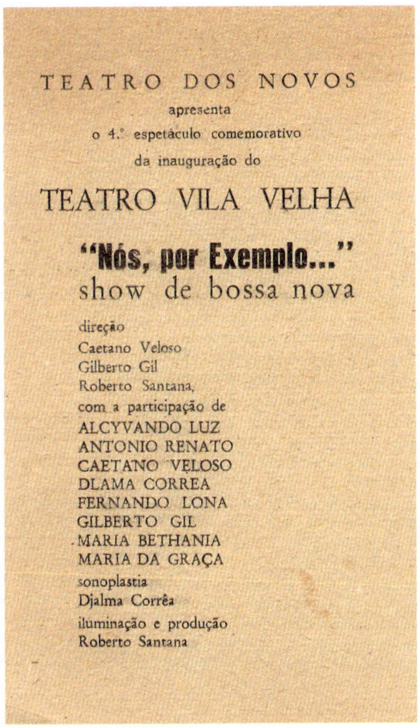

TEATRO DOS NOVOS
apresenta
o 4.° espetáculo comemorativo
da inauguração do
TEATRO VILA VELHA
"Nós, por Exemplo..."
show de bossa nova
direção
Caetano Veloso
Gilberto Gil
Roberto Santana,
com a participação de
ALCYVANDO LUZ
ANTONIO RENATO
CAETANO VELOSO
DLAMA CORREA
FERNANDO LONA
GILBERTO GIL
MARIA BETHANIA
MARIA DA GRAÇA
sonoplastia
Djalma Corrêa
iluminação e produção
Roberto Santana

Acervo Maria Sampaio

CD *Tropicália 2*, 1993

Gilberto Gil é do signo de Câncer, carrega a paz e a claridade da lua. É dado ao mistério. Se interessa por todas as religiões e gosta de olhar o céu para ver estrelas e buscar disco voador... O amigo Caetano Veloso é de Leão, carrega a força do sol. Numa comparação entre os dois, um amigo deles disse: "Gil é o profeta, Caetano é o seu apóstolo..."

Compacto, 1966

Em 1965 foi para São Paulo trabalhar na Gessy Lever. O trabalho não o afastou da música. Aproveitava as noites para encontrar músicos e compositores. Conheceu Chico Buarque, de quem depois se tornou parceiro, com a música *Cálice*.

O sucesso tomou sua mão. Seu talento o conduziu. Em 1967, num ritmo de capoeira fez girar uma roda-gigante e escreveu *Domingo no Parque*:

O rei da brincadeira — ê, José
O rei da confusão — ê, João
Um trabalhava na feira — ê José
Outro na construção — ê João (...)

Juliana girando — oi, girando
Oi, na roda-gigante — oi, girando (...)

LP *Gilberto Gil*, 1968

Apresentou a música no 3º Festival da Música Popular Brasileira, acompanhado pelo grupo Os Mutantes. Ficou em 2º lugar, e todo o povo cantou e assoviou sua canção pelas ruas.

Gil passou a viver só de música.

Pífanos. © Maria Sampaio

Gilberto Gil viaja muito fazendo shows pelo mundo afora, mas, de todas as viagens que fez, uma marcou sua caminhada: a viagem a Caruaru, no ano de 1967. Foi até lá para conhecer a Banda de Pífanos.

LP *Beatles*

No Clube Intermunicipal de Caruaru conheceu a Banda de Pífanos de Sebastião Biano. Ficou maravilhado e chorou de emoção ouvindo a harmonia daquele pequeno grupo.

De volta a São Paulo, propôs a Caetano Veloso a junção da Banda de Pífanos de Caruaru e os Beatles. "Caruaru e Liverpool juntos não fazem uma rima pobre!" Ouviram a fita que ele trouxera. Depois Gil assegurou: "Dessa mistura nasceu o Tropicalismo", o movimento de vanguarda da música popular brasileira, de influência modernista, criado pelo grupo baiano formado por Gilberto Gil, Caetano Veloso, Torquato Neto, Capinan, Tom Zé.

LP *Tropicália*, 1968

Se você quiser saber mais sobre o Tropicalismo, entre nos *sites*: www.gilbertogil.com.br e www.caetanoveloso.com.br

Em Caruaru, Gil andou pela feira e viu bonecas de pano à venda numa barraca. Ficou olhando as bonecas, e as lembranças começaram a correr em sua mente, e as lágrimas em seus olhos. Os amigos não entendiam a razão daquelas lágrimas.

Dina. Acervo Claudina P. Gil Moreira

Gil explicou que estava lembrando o dia em que seu pai deu de presente à sua irmã uma boneca de pano; recordou a alegria da irmã com a boneca, chamada de Vitória, que ficou sendo a sua preferida. Era tempo da Segunda Guerra, e o nome Vitória dado por seu pai dizia bem o que todos desejavam...

Bonecas de pano. © Maria Sampaio

Com a ditadura militar, Gilberto Gil foi preso no dia 27 de dezembro de 1968. Foi solto em fevereiro, mas vivia numa liberdade vigiada. Depois foi exilado e ficou morando na Inglaterra.

LP *Barra 69*, 1972

Acervo Maria Sampaio

Lá no exílio aprendeu a tocar guitarra. Aprendeu também a tocar a vida de outra forma, apesar das saudades.

Na Copa do Mundo de 1970 ele ainda estava em Londres quando o Brasil ganhou da Inglaterra por um a zero!

Ele morava no bairro de Chelsea e no outro dia viu nas paredes em frente a sua casa: "Rivelino Revelation!" Nesse instante esqueceu que estava no exílio... Aquele exílio que só terminaria, de fato, em janeiro de 1972.

LP *Gilberto Gil*, 1971

Filhos de Gandhi, 1998 © Reginaldo Pereira/Ag. A Tarde

No Carnaval desse ano —1972 — o Afoxé Filhos de Gandhi, bloco baiano fundado em 1949 por estivadores negros, saiu com poucos participantes. Gil assistiu à passagem com muita tristeza. O bloco, tão vivo em sua memória, estava reduzido a um pequeno número. Gil se inscreveu no bloco e cantou em favor do Gandhi. Santos e Orixás atenderam e o Gandhi passou a ser o maior bloco do Carnaval baiano.

Omolu, Ogum, Oxum, Oxumaré
Todo o pessoal
Manda descer pra ver
Filhos de Gandhi

Iansã, Iemanjá, chama Xangô
Oxóssi também
Manda descer pra ver
Filhos de Gandhi

Mercador, Cavaleiro de Bagdá
Oh, Filhos de Obá
Manda descer pra ver
Filhos de Gandhi

Senhor do Bonfim, faz um favor pra mim
Chama o pessoal,
Manda descer pra ver
Filhos de Gandhi...

Oh, meu Deus do céu, na terra é carnaval
Chama o pessoal
Manda descer pra ver
Filhos de Gandhi

(*Filhos de Gandhi*)

© Paulo Munhoz/Ag. A Tarde

Se você quiser saber mais sobre os Filhos de Gandhi, entre no *site*: geocities.yahoo.com.br/filhosdegandhy/quem_somos.htm

somos todos doces bárbaros

Mesmo não tendo mais Gilberto Gil trabalhando efetivamente comigo desde o ano passado e Maria Bethânia há muitos anos, sempre estive e estarei ligado à carreira destes dois artistas como fã incondicional e amigo; não bastasse o fato de termos todos começado juntos.

Tenho por eles o mesmo respeito e carinho que tenho por Caetano Veloso e Gal Costa e é aos quatro que tento oferecer o melhor para que esse trabalho se desenvolva num clima de grande criatividade e amor.

E aí estão, finalmente, depois de dez anos os "Doces Bárbaros" reunindo quatro monstros sagrados da música popular brasileira.

É um espetáculo para os nossos coleg profissão, para os artistas em geral, para o de público, provando a vitalidade desses me da Bahia a quem eu amo acima de tudo.

Guilherme Araújo

P.S. Quero também citar Léa Millon, D Sandra Gadelha, Dona Mariah, Dona e Seu Zezinho, Nicinha, Rodrigo e Bob, soas a quem conheci e aprendi a ad durante todos esses anos.

Somos todos "Doces Bárbaros".

Programa Doces Bárbaros, 1976

Em 1976, junto com Caetano Veloso, Gal Costa e Maria Bethânia, criou o grupo Doces Bárbaros. Os quatro baianos cantaram pelo Brasil, gravaram um disco e tornaram-se artistas do filme *Doces Bárbaros*. O grupo se desfez, a amizade entre os quatro seguiu em frente. Num novo encontro gravaram um CD para o Esporte Club Bahia, e Gil vibrou por poder repetir: *Mais um! Mais um, Bahia!*

Gil gosta muito de futebol e explica: "o povo conhece o espírito embriagador do futebol. Todo brasileiro entende a alma da bola, sabe tudo sobre ela".

Doces Bárbaros, Carnaval 2001 © Carlos Casaes/Ag. A Tarde

No ano de 1988 Gilberto Gil foi eleito vereador em Salvador e teve o maior número de votos entre os candidatos: 11.111 votos.

No Carnaval de 1994 a escola de samba Mangueira homenageou os Doces Bárbaros com o samba-enredo *Atrás da Verde-e-Rosa só não vai quem já morreu*. A Sapucaí delirou com a Verde-e-Rosa e Gil, Caetano, Gal e Maria Bethânia mostraram que também são bons de samba.

O Perc Pan (Panorama Internacional de Percussão) é mais um marco na caminhada musical de Gilberto Gil. Junto com Naná Vasconcelos vem realizando encontros com os melhores percussionistas do mundo. É o mais importante festival de percussão no cenário internacional. A linguagem dos tambores leva a pensar no princípio da civilização humana e no ritmo contagiante que herdamos dos nossos antepassados.

© Arestides Baptista/Ag. A Tarde

Acervo Flora Gil

(...) O filho perguntou pro pai:
"Onde é que tá o meu avô
O meu avô, onde é que tá?"

O pai perguntou pro avô:
"Onde é que tá meu bisavô
Meu bisavô, onde é que tá?"

Avô perguntou bisavô:
"Onde é que tá tataravô
Tataravô, onde é que tá?"

Tataravô, bisavô, avô
Pai Xangô, Aganju
Viva egum, babá Alapalá!...

(Alapalá)

Acervo Flora Gil © Priscila Casaes Franco

Lá vai Gil de forma bonita procurando saber o seu começo.

Viaja no tempo, viaja na vida buscando suas raízes. Vai à África, Índia, Jamaica e muito mais...

Leva e busca coisas nossas nos palcos do mundo. Não importa para Gil se o palco é um tablado, um grande teatro, uma pracinha do interior. A música o transporta, ele vai cantando em busca de respostas e respondendo a cada um de nós.

O menino que queria ser "musgueiro" e pai de menino não deixou de ser menino... não esqueceu os quintais bonitos cheios de verde fantasia. Lá um dia conheceu o Sítio do Picapau Amarelo e nos ensinou a cantar as belezas da bonequinha de pano, a alegria do sol que nasce, o universo paralelo.

O Expresso 2222 começou a circular em música e letra em 1971. Como um engate de vagões de um trem de lembranças, os versos de Gilberto Gil estão nos levando neste início de século XXI.

Suas canções falam da sua vida e da vida de todos nós...

O menino que ouvia Luiz Gonzaga, que tocou acordeão e cantou *jingles* cresceu muito. Suas canções nos trazem lembranças e lições. O neto de dona Lídia, o sobrinho de dona Margarida, o filho de doutor José Gil e da professora Claudina sabe como ninguém falar na língua do pê e cantar o amor.

No seu jeito bonito de ser, ele nos diz:

"Hoje meu guru é o silêncio..."

Vipivapa apa múpúsipicapa depe Gilpil!!!